Eckernförde

Portrait einer Ostseestadt

fotografiert von Heinz Teufel
mit Texten von Christoph Rohde

Medien-Verlag Schubert

ISBN 3-929229-21-8

© Copyright 1994, 3. überarbeitete Auflage 2004 by Medien-Verlag Schubert, Hamburg.

Alle Rechte, auch des auszugsweisen Nachdrucks und der fotomechanischen Wiedergabe, vorbehalten.
Satz und Layout: Medien-Verlag Schubert / Mark Zanzig / Thomas Börnchen
Druck: Girzig und Gottschalk
Printed in Germany

Inhalt

Die Stadt am Meer

„Man hatte einen schönen Überblick über die große Bucht, die den Eindruck eines völlig geschlossenen Landsees machte. Rechts lagerte sich Eckernförde mit seinen kleinen, roten Ziegeldächern hart ans Ufer, drüben zogen sich die schönsten dunklen Waldungen hin, die ernst herübergrüßten und zum Besuch ihrer stillen Heimlichkeit einluden. Für Ruder- und Segelboote war reichlich gesorgt, kleinere Seeschiffe kamen bis an die Stadt heran. Stets hatte ich von der Terasse meines Hotels aus ein hübsches Wasserbild vor mir, das trotz seines idyllischen Rahmens doch die Nähe der großen See ahnen ließ...“

So empfand der norddeutsche Dichter und Erzähler Gustav Falke seinen Besuch in Eckernförde. Eine Schilderung, die fast hundert Jahre zurückliegt. Und doch: Wer heute am Borbyer Ufer steht, auf die in der Sonne glitzernde Ostsee blinzelt und die beschauliche Silhouette der Stadt erblickt, möchte meinen, es habe sich nicht viel verändert. Eine zeitlose Stadt aus dem Bilderbuch also? Sicher nicht. Eckernförde ist mit seinen heute 24.000 Einwohnern eine moderne kleine Stadt, die sich neuen Entwicklungen gegenüber aufgeschlossen zeigt.

Und trotzdem findet sich hier etwas, das die Einheimischen so stolz auf ihr Städtchen sein läßt und das jährlich Tausende von Touristen anzieht. Eine Antwort darauf gibt wohl die eigene Atmosphäre, der Charme einer kleinen Hafenstadt an der Ostsee, den sich Eckernförde noch erhalten hat.

Man begegnet ihm auf Schritt und Tritt: In den kopfsteingepflasterten, winkligen Gassen der Altstadt zum Beispiel, in denen früher die Fischer wohnten. In den gemütlichen Kneipen, in denen bei Köm und Bier auch mal ein deftiges Plattdeutsch gepflegt wird. Auf der Holzbrücke, wo man sich mit frech kreischenden Möwen den malerischen Blick auf Borby und die Hafenkulisse teilt. Oder auf dem wühlig-bunten Wochenmarkt, der neben frischem Gemüse immer auch Gelegenheit zum Klönschnack bietet. Sich in Eckernförde zu treffen, ist kein Kunststück. Hier ist (fast) alles Zentrum.

Eine andere Antwort ist die einmalige Lage der Stadt zwischen Ostsee und Noor, der sie eine Mischung von besonderem Reiz verdankt. Alles, was Eckernförde ausmacht, liegt nur einen Steinwurf voneinander entfernt: Kaum hat man die Fußgängerzone, die immer quirlige, aber niemals hektische Einkaufsmeile der Stadt, durchmessen, steht man schon am Hafen, wo die kleine Flotte der Fischerboote und Ausflugsschiffe am Kai dümpelt. Kaum hat man den in den Eckernförder Farben Blau und Gelb gestrichenen, alten Leuchtturm umrundet, eröffnet sich das Panorama eines drei Kilometer langen Sandstrandes, an dem im Sommer Einheimische und burgenschaufelnde Feriengäste friedlich See und Sonne genießen.

Und ebenso schnell ist man auch draußen in der Natur, kann einsame Spaziergänge an der Altenhofer Steilküste unternehmen oder eine Wanderung um das landschaftlich schöne Noor. Den Eckernfördern, so läßt sich leicht vermuten, dürfte es nicht schwer fallen, in ihrer eigenen Stadt Urlaub zu machen. Eckernförde – das ist trotz allem kein ungetrübtes Idyll. Aber eine liebens- und lebenswerte Stadt, die es zu entdecken lohnt.

Drei Kilometer feiner, weißer Sandstrand sind das Fremdenverkehrs-Kapital des Ostseebades. Im Sommer genießen Feriengäste und Einheimische im Windschutz ihrer Strandkorb-Logenplätze das Meer.

Eckernfördes „Skyline" vom Borbyer Bojenfeld aus gesehen. Stadt und Hafen bilden eine Einheit, die Nähe des Wassers ist überall spürbar.

Die Vogelperspektive zeigt die landschaftlich reizvolle Lage des Hafenstädtchens an der Ostsee. Auf der Landzunge ist der Bereich des historischen Stadtkerns zu erkennen. Links auf der gegenüberliegenden Seite schließt sich Borby an.

Gelb und Blau wehen die Farben Eckernfördes. Dahinter eine der hübschen Hausfassaden, die in der Innenstadt noch erhalten geblieben sind. Am Rathausmarkt und in der Kieler Straße lohnt sich der Blick nach oben auf verzierte Giebel.

Frühling im Altenhofer Wald vor den Toren der Stadt. Wenn die frischen Blätter hervorkommen, hüllen sie die Wanderwege in flirrendes Grün. Diese Jahreszeit ist die schönste, um den Wald zwischen Ostsee und Gut Altenhof zu erkunden.

Eckernförde ist von Wasser umgeben. Branden im Osten die Meereswellen an den Strand, so schließt sich im Westen das Windebyer Noor an. Um das drei Kilometer lange und zwei Kilometer breite Gewässer, das einst der dänische König der Stadt schenkte, zieht sich ein beliebter Wanderweg.

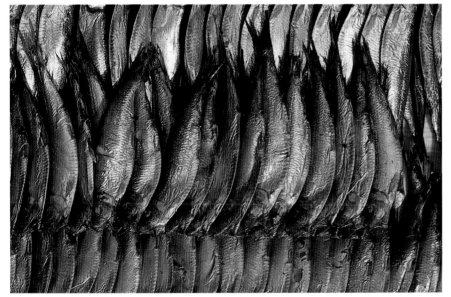

Wie Meeresgold schimmern die geräucherten Sprotten. Die Fischspezialität wird in der Räucherei nach alten Rezepten veredelt. Sprotten aus Eckernförde sind ein begehrter Exportartikel weit über die Landesgrenzen hinaus.

Schon im frühen Morgenlicht machen sich die Stellnetz-Fischer auf, um ihre Netze auszulegen. War die Stadt einst ein bedeutender Fischerei-
platz, so gehen heute noch eine Handvoll Fischer auf Fang nach Butt, Hering und Dorsch.

Die breite Eckernförder Bucht, die 17 Kilometer tief in das schleswig-holsteinische Festland eindringt, ist ein Dorado für Wassersportler. Vor allem Segler wissen das reizvolle Revier zu schätzen.

Die abwechslungsreiche Küste der Eckernförder Bucht verändert sich ständig. Bis zu zwanzig Meter hoch erheben sich die „Möwenberge", ein aktives Steilufer, an dem regelmäßig die Ostsee nagt. Bei Oststurm reißt die aufgepeitschte See jedes Jahr einen Teil der Küste mit sich fort.

Reise in die Vergangenheit – oder wie das Eichhörnchen nach Eckernförde kam

Die Holzbrücke ist ein Wahrzeichen Eckernfördes sowie Bindeglied zwischen Borby und der Innenstadt. Errichtet wurde das eigenwillige Brückenbauwerk nach der Sturmflut 1872.

Das possierliche Eichhörnchen ist das Wappentier Eckernfördes. Über 4.000 nachgebildete Exemplare in allen Formen und Farben sind in einer Sammlung zusammengetragen.

Das Stadtwappen Eckernfördes ziert eine am Wasser liegende Burg, über deren Zinnen ein Eichhörnchen spaziert. Einst, sagt man, soll es hier so viele der possierlichen Tierchen gegeben haben, daß Jäger sie für adelige Pelzgarderoben erlegten. Und der Wald bis Kiel soll so dicht gewesen sein, daß Eichhörnchen hinübergelangen konnten, ohne den Boden zu berühren. Der Wald hat sich inzwischen gelichtet, Eichhörnchen sind selten geworden, und auch die Burg existiert schon lange nicht mehr. Geblieben aber sind das Wappen und Vermutungen über den Ursprung der Stadt.

Den Historikern geben die Anfänge Eckernfördes immer noch Rätsel auf. Wann und von wem die ersten Stadtrechte verliehen wurden, ist unbekannt. Frühe Urkunden fielen Bränden zum Opfer, und die spärlichen Informationen aus dieser Zeit können den Mantel der Geschichte nur wenig lüften. Gesichert scheint, daß die Stadt im Laufe des 13. Jahrhunderts entstand. Eine erste Siedlung muß es schon vorher gegeben haben, denn bereits 1197 taucht der Ortsname Eckernförde erstmals auf – im Zusammenhang mit einem Ritter Godescalcus de Ekerenvorde.

Wann aber wurde die Stadt gegründet, deren ältester bekannter Stadtsiegel-Abdruck auf das Jahr 1302 datiert? Selbst ein Chronist des 16. Jahrhunderts zuckt die Achseln: „Es ist ein alt Städtlein, wer es aber erbauet und mit Freiheit begabet und begnägdiget, ist unbewußt." Bekannt hingegen war, daß sich die Eckernförder damals von der Schiffahrt und dem Bierbrauen ernährten. Daß es „schöne kalte Brunnen" mit Süßwasser in der Stadt gab, obwohl sie von Salzwasser umgeben war, und daß anno 1580 ein Walfisch gefangen wurde, dessen Zunge 300 Pfund wog.

Bekannt war aber auch, daß es zwei Burgen gegeben hatte, deren Reste auf einem alten Stich deutlich zu erkennen sind. Eine davon war die Ykaern- oder Eckernburg. Landläufige Interpretationen legten ihren Standort nach Borby unterhalb der Kirche, wo in der historischen Darstellung eine Ringwall-Anlage eingezeichnet ist. Neuere Untersuchungen bezweifeln dies. Logischer wäre die Eckernburg auf dem ebenfalls vermerkten Burghügel unmittelbar an der langen Brücke. Als Wach- und Zollposten für diese Gewässerüberquerung machte die Burg dort Sinn.

Von beiden Standorten ist heute nichts mehr zu sehen. Der Ringwall ist verschwunden, da an dieser Stelle früher Erde als Ballast für entladene Frachtensegler abgegraben wurde. Der Volksmund taufte die Erhebung entsprechend Ballastberg. Und der ehemalige Burghügel ist längst bebaut. Dennoch: Eine Furt zwischen Noor und Ostsee, die damals noch miteinander verbunden waren, gab es tatsächlich. Und an diesem Handelsweg in Nord-Süd-Richtung entwickelte sich im Schutz einer Burg eine Siedlung. Eckernförde bedeutet als Ortsname niederdeutscher Herkunft soviel wie Eichhörnchen-Furt.

Die Altstadt Eckernfördes ist auf Sand gebaut. Sie entstand auf einem angeschwemmten Sandhaken zwischen Noor und Ostsee, damals eine von drei Seiten mit Wasser umgebene Halbinsel, die guten Schutz vor Angreifern und einen tauglichen Hafen bot. Noch im Mittelalter reichte die Ostsee bis zur Linie Kattsund-Rosengang-Mühlenstraße. In den folgenden Jahrhunderten spülte die Meeresströmung beständig weiter Sand ans Ufer, und Eckernförde konnte sich auf den neuen Strandwällen nach Osten hin ausdehnen. Erst im 18. Jahrhundert wurde der Jungfernstieg als fertige Straße angelegt.

Dies war auch die Zeit, in der die Stadt, die in ihrer wechselvollen Geschichte immer wieder von Kriegen,

Blick vom Mühlenberg auf das Eckernförder Panorama. Windmühlenflügel, wie auf dieser Ansicht der Jahrhundertwende, drehen sich hier allerdings längst nicht mehr.

Bränden und Zerstörungen gebeutelt wurde, ihre erste Blüte erfuhr. Den Aufschwung leitete eine alteingesessene Eckernförder Familie ein: die Ottes. Ihr markantester Sproß war Friedrich Wilhelm Otte, der von 1741 bis 1764 als Bürgermeister die Geschikke der Stadt bestimmte. 34 Schiffe ließ die erfolgreiche Familie in dieser Ära bauen und betrieb einen schwungvollen Handel. Ihre Frachtensegler schipperten bis ins Mittelmeer, ja teils sogar bis nach Westindien. Als steinerne Zeugen des Unternehmungsgeistes der Ottes überlebten der alte Speicher von 1723 in der Langebruckstraße und die sogenannten Zwillingshäuser an der Ecke zur Kieler Straße.

Das „Alte Kaserne" genannte, langgestreckte Gebäude am Ende der Kieler Straße-Süd war Teil der Otteschen Fabriken vor den damaligen Toren der Stadt. Eckernförder Fayencen, feine Töpferwaren, die hier hergestellt wurden, sind noch heute berühmt und als Sammlerstücke heiß begehrt. Produziert wurde vor allem für den gehobenen Bedarf. Fabrikdirektor Johann Buchwald holte erfahrene, talentierte Künstler in die Stadt und schaffte es in kurzer Zeit, Fayencen „made in Eckernförde" eine Spitzenstellung im Ostseeraum zu geben. Terrinen in Form eines Blumenkohls oder Tafelaufsätze mit Delphinen und Seetieren zeugen vom künstlerischen Niveau der Arbeiten.

Doch dem schnellen Aufstieg folgte ein ebensolcher Niedergang. Bereits 1769 wurde das Werk geschlossen, und die leerstehenden Gebäude erwarb der Landgraf Karl von Hessen. Auf dessen Vermittlung zog jetzt eine der schillerndsten und rätselhaftesten Figuren seiner Zeit ein: der Graf Saint Germain. Zu seinen begeisterten Anhängern in Paris zählte die Marquise von Pompadour, die ihm Zutritt zum französischen Königshof verschaffte. Später tauchte er an verschiedenen europäischen Höfen auf, um seine Dienste anzubieten.

Scharlatan oder Genius? Die Meinungen über den geheimnisvollen Grafen und Alchimisten klaffen auseinander. In Eckernförde experimentierte er in seinen letzten Jahren mit Farben und stellte Heilmittel her. Als Saint Germain 1784 starb, wurde er in der St.-Nicolai-Kirche im „Grab Nummer 1" beigesetzt. Noch heute pilgern späte Verehrer aus aller Welt nach Eckernförde, um seine Ruhestätte zu besuchen.

In die Geschichtsbücher trug sich die Stadt 1849 mit einer Schlacht ein, die durch ihren spektakulären Ausgang Schlagzeilen machte. Es war die Zeit der schleswig-holsteinischen Erhebung und des Konflikts mit Dänemark, als am Vorabend des 5. April zwei dänische Kriegsschiffe in der Bucht die Anker warfen. Am nächsten Morgen setzten das mit 84 Kanonen bestückte Linienschiff „Christian VIII." und die „Gefion" bei auflandigem Wind die Segel, um vor Eckernförde in Position zu gehen. Kurz dar-

Mit einer gewaltigen Explosion flog 1849 das dänische Kriegsschiff „Christian VIII." vor Eckernförde in die Luft. Das spektakuläre Ereignis ging in die schleswig-holsteinischen Geschichtsbücher ein.

auf entwickelte sich ein heftiges Feuergefecht mit den beiden kleinen Strandbatterien, die die Stadt im Norden und Süden schützen sollten.

Das weitere ist bekannt: Schwer angeschlagen und manövrierunfähig mußten die dänischen Schiffe die Flagge streichen. Wenige Stunden später flog die brennende „Christian VIII." mit einer gewaltigen Explosion in die Luft. *„Der ganze Strand von Eckernförde bis zum Schnellmarker Holze ist mit Schiffstrümmern bedeckt",* berichtete ein Augenzeuge der Tragödie. Und ein anderer notierte entsetzt: *„Alles, die ganze Umgebung war ein Feuermeer... Menschen, die mit in die Luft flogen, hörte man jammern und schreien".* Über hundert Mann kostete die Explosion das Leben.

Der „Tag von Eckernförde" wurde in Schleswig-Holstein als siegreiche Schlacht gefeiert. In Eckernförde setzte man mehrere Denkmäler; das dramatische Ende eines der größten Kriegsschiffe seiner Zeit bewegte die Gemüter tief. Doch die politische Bedeutung des Ereignisses blieb gering. Bereits ein Jahr später besetzten die Dänen die Stadt. Am Grund der Ostsee fanden Taucher in neuerer Zeit Reste des gesunkenen Schiffsriesen. Sie sind heute im Heimatmuseum ausgestellt.

Einen Kampf ganz anderer Natur hatte Eckernförde wenige Jahrzehnte später, 1872, zu bestehen. Die sonst so milde Ostsee zeigte Zähne: Nach tagelangen Westwinden sprang am 13. November der Sturm plötzlich mit Orkanstärke auf Nordost um und drückte die zurückschwappenden Wellen mit Macht in die Bucht. Den Eckernfördern stieg das Wasser

buchstäblich bis zum Hals. Der Pegel erreichte mehr als drei Meter über Normal.

Der Steindamm, die Abgrenzung von der Ostsee zum Noor, hielt den Wassermassen nicht mehr stand. Als er brach, beobachtete der Gutsbesitzer von Windeby: „In den Wiesen trieben über 50 Fischerboote, ja sogar zwei Yachten, ferner alle Art von Mobilien, außerdem fast sämtliche Holzlager von Eckernförde..." Die Bilanz der schweren Sturmflut fiel verheerend aus: 122 Häuser waren zerstört, 137 unbewohnbar und 400 Menschen obdachlos.

Pioniere errichteten damals eine Holzbrücke, um die Verbindung nach Borby wieder herzustellen. Diese hölzerne Klappbrücke hat sich bis heute in ihrer eigenwilligen Form erhalten, und einige Pfähle sollen sogar noch

Was die Stunde geschlagen hat, zeigt den Eckernfördern die Turmuhr der St.-Nicolai-Kirche. Und sind die Zeiger einmal nicht auf der Höhe der Zeit, hilft der Küster mit Fingerspitzengefühl nach.

die originalen sein. Wer aufmerksam durch die Stadt geht, kann außerdem an manchen Häusern alte Hochwasser- marken erkennen, die den Stand von 1872 anzeigen. Sie sind in Brusthöhe angebracht.

Doch genug der Katastrophen. Mit einem eher heiteren Kapitel erlangte Eckernförde im Jahre 1901 ungewollte Berühmtheit. Ein leibhaftiger Walfisch hatte sich in der Bucht verirrt und trieb dort wochenlang sein Unwesen. Während alle großen Zeitungen über den „Moby Dick" der Ostsee berich- teten, hatten sich die Eckernförder bereits mit Schußwaffen schwersten Kalibers ausgerüstet und bliesen zur Walfischjagd. Das Tier war schlau und spielte Katz und Maus mit ihnen. Mal tauchte es vor Hemmelmark und dann wieder vor Aschau auf – die Männer in ihren Booten immer hinterher. Als

Alle Möwen sind hungrig. Hinter Fischkuttern oder beim Füttern bildet sich stets ein aufge- regt kreischender Schwarm. Frech schnappen die Flugkünstler auch den größeren Schwänen die Brocken vor dem Schnabel weg.

der Koloß unversehens vor der Flinte eines der wackeren Jäger auftauchte, erschrak dieser so heftig, daß er rücklings ins Boot fiel und in voller Dekkung liegenblieb.

Die Kunde von diesen Ereignissen animierte eine Reihe von Schleswiger Bürgern ebenfalls zu Heldentaten. Sie mieteten sich den Dampfer „Valparaiso", nichts ahnend, daß sie schon im Wellengang der Schleimündung die Seekrankheit übermannen würde. Doch unverzagt stiegen die selbsternannten Walfänger in die Eisenbahn nach Eckernförde um. Im Bahnhofshotel angekommen, ließen sie zunächst ein Foto von sich machen, mit kühner Miene, energischem Blick und einer langen Harpune in der Hand. Nur der Walfisch, der wurde nicht mehr gesehen. Die Eckernförder aber schickten den tapferen Schleswigern eine Medaille und eine Kiste mit Sprotten – die letzten, die der Wal angeblich übriggelassen habe.

An die wirtschaftliche Blütezeit Eckernfördes im 18. Jahrhundert erinnern die sogenannten Zwillingshäuser an der Ecke Kieler Straße/ Langebrückstraße. Zwischen den Giebeln lugt der Kirchturm von St.-Nicolai hervor.

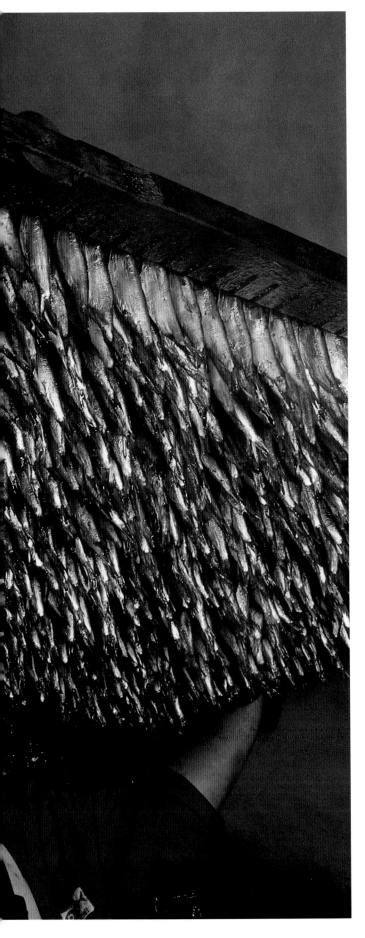

Wie aus Silber Gold wurde – Blüte von Fischerei und Räucherei

Goldglänzend kommen die Sprotten wieder aus dem Rauch. Die Eckernförder Fischspezialität hat jetzt nicht nur ihre appetitliche Farbe sondern auch den richtigen Geschmack angenommen.

Über dreißig Räuchereischornsteine prägten Anfang dieses Jahrhunderts die Silhouette der Stadt. Die Fischverarbeitung boomte.

Des Walfangs bedurfte es nicht, um Eckernförde zu einem florierenden Fischereizentrum werden zu lassen. Kleine Fische waren es, mit denen die Stadt Furore machte. Auf dem Dach eines Altstadthauses finden sich noch zwei selbstbewußte Fischerfiguren, die über einem plattdeutschen Spruch posieren: „In Eckernför dor hebbt se't rut, ut Sülver Gold to maken".

Aus Silber Gold zu machen, das war in Eckernförde Anfang dieses Jahrhunderts wörtlich zu nehmen. Die Stadt stieg zum bedeutendsten Markt für Fischfang und -verarbeitung an der Ostseeküste auf. Silbrige Sprotten verwandelten sich in den immer zahlreicher werdenden Räuchereien in goldfarbenen Räucherfisch. Der Handel mit dem haltbaren Nahrungsmittel boomte und verschaffte vielen Menschen Lohn und Brot. Die Stadt befand sich im „Goldrausch".

Wurde um 1800 in Eckernförde noch vorwiegend für den Eigenbedarf geräuchert, änderte sich diese Situation schlagartig: 100 Jahre später prägten über 30 Räucherei-Schornsteine die Silhouette der Stadt – was allerdings auch riechbare Nachteile hatte. In guten Zeiten, heißt es, war die ganze Stadt in eine einzige Rauchwolke gehüllt. Ein Besucher notierte: *„Am Hafen war immer ein Riesenbetrieb, die Eckernförder machten täglich riesige Fänge, und die Räuchereien arbeiteten mit Hochdruck."* 1917 wurden rund 15 Millionen Pfund frische und geräucherte Fische verkauft.

Auch die Zahl der Fischer stieg rasant: Lebten im 18. Jahrhundert gerade mal 15 Fischer in der Stadt, legten um 1900 bereits 350 Berufs- und Gelegenheitsfischer auf der Ostsee ihre Netze aus. Im Hafen dümpelten oftmals mehr als 100 Fischer-

boote. Die Ausweitung der Fanggründe sowie neue Möglichkeiten der Fischverarbeitung und des Absatzes ließen das Geschäft mit Hering und Sprotten blühen.

Doch die Fischerei war auch ein hartes Brot. Oft kehrten die Fischer ohne reiche Beute zurück. Der Fang mit der Wade – einem Zugnetz – glich einem Glücksspiel, solange das Echolot zum Aufspüren von Heringsschwärmen noch unbekannt war. Die Heringsfischerei begann Anfang September, und bis Neujahr wurde vor allem nachts gefischt. Bei Sternenlicht fanden die Männer die Boje ihrer Fangstelle, warfen das gewaltige Netz über Bord und versuchten einen Fischschwarm einzuschließen. Der Umgang mit der Wade erforderte die ganze Kraft und Geschicklichkeit von sechs Fischern, die sich auf zwei Boote verteilten.

So drängten sich die Fischkutter noch Mitte der dreißiger Jahre am Kai des Hafens. An den Masten sind die Netze zum Trocknen aufgezogen.

Hatten sie Glück und kehrten erfolgreich heim, wurde es an der Schiffbrücke lebendig, standen schnell auch heißer Kaffee und Grog bereit. Wagen transportierten den reichen Fang in die Räuchereien. Dort wurden die Fische gereinigt, gesalzen und auf dünne Eisenspieße gesteckt. Eine mühsame Arbeit, die vor allem Frauen, oftmals Fischerfrauen erledigten. War viel zu tun, betrug ihr Arbeitstag bis zu 17 Stunden. Klamm gewordene Finger wärmten sie in bereitgestellten Bottichen mit heißem Wasser wieder auf. Und unter die langen Röcke wurden – als Heizung – zuweilen Töpfe mit glühender Kohle gestellt.

Die Rahmen mit den aufgesteckten Fischen hängten Räucherknechte in die Räucheröfen und entfachten darunter ein Feuer aus Buchenholz. Räuchermeister verstanden es, durch Aufschütten und rechtzeitiges Schlie-

ßen der eisernen Türen für starken Rauch zu sorgen. War der Fisch gar, kam noch etwas Eichenholz ins Feuer – für den goldigen Glanz. Das fertige Produkt wurde in hölzerne, mit Pergamentpapier ausgeschlagene Kisten verpackt. Die Versandkisten hämmerten Nageljungs zusammen. Erst später kamen die ersten Nagelmaschinen auf den Markt.

Das Fisch-Wirtschaftswunder in Eckernförde hielt nur wenige Jahrzehnte an. Durch immer bessere Fangmethoden und raffiniertere Netze waren die Fanggründe bald leergefischt. Und heranwachsende Konkurrenz in Cuxhaven und Altona besiegelte den langsamen Niedergang der Fischerei. Auch die Eckernförder Räuchereien, die Heringe, Sprotten, Butt und Aal in alle Teile Deutschlands und sogar bis nach Übersee lieferten, gerieten in Schwierigkeiten. Nach dem

zweiten Weltkrieg sank das Räuchergewerbe durch das Fehlen der östlichen Absatzmärkte in die wirtschaftliche Bedeutungslosigkeit.

Heute gibt es neben einer geplanten Museumsräucherei noch eine Räucherei in Eckernförde, die sich bestens auf das alte Handwerk versteht. Wie ehedem hütet jeder Räuchermeister streng sein Geheimnis, durch welches Holzfeuer, welche Räucherart und -dauer sich Silber in Gold verwandelt. Die schmackhaften Sprotten sind immer noch ein begehrter Exportartikel und werden weit über die Grenzen Schleswig-Holsteins hinaus verschickt. Alte Eckernförder erzählen gern, daß die berühmten Kieler Sprotten eigentlich aus ihrer Heimatstadt stammen. Wie sie dennoch zu ihrem Namen kamen? Nun: Die Sprottenkisten, die für den Versand mit Pferdewagen zum Kieler Bahnhof gefahren

Ein Kutter kehrt in den Hafen zurück. Riesige Fänge werden heute nicht mehr gemacht, aber die Fischer lieben ihren Beruf trotz vieler Sorgen nach wie vor.

Harte Arbeit für kargen Lohn. Das Aufstecken der Fische in den Räuchereien besorgten Anfang des Jahrhunderts vor allem Frauen.

In Eckernför dor hebbt se't rut ut Sülver Gold to maken

„In Eckernförde haben sie's raus, aus Silber Gold zu machen" – Fischerstolz vergangener Zeiten spricht aus diesen Figuren, die selbstbewußt auf dem Dach eines Altstadthauses posieren.

werden mußten, erhielten dort den Abfertigungsstempel „Kiel". Und so wurden aus Eckernförder unversehens „originale" Kieler Sprotten.

Natürlich gehören auch die Fischer weiterhin zum Hafenbild der Ostseestadt. Tuckert ein Kutter heran, wird das Anlanden der vollen Fischkisten und das Säubern der Netze schnell zu einer Attraktion für die Bummler am Kai. Und Eckernförder wissen, daß Fisch nie besser schmeckt, als frisch von Bord gekauft und anschließend zubereitet. Die Zeiten riesiger Fänge und großer Fangflotten sind allerdings vorbei. Hauptberuflich geht nur noch eine Handvoll Fischer in Eckernförde ihrem Gewerbe nach.

Fragt man die Männer nach Fang und Verdienst, ziehen sich die wettergegerbten Gesichter in Sorgenfalten. Preisverfall und Billigimporte heißen

die Probleme, die in den vergangenen Jahren viele Fischer zum Aufgeben zwangen. Die Reparatur- und Betriebskosten für die Kutter fressen oft die schmalen Gewinne wieder auf. Doch stolz können sich die meisten auch heute keinen schöneren Beruf vorstellen. Eckernförde ohne Fischer? – nicht denkbar!

Wettergegerbte, markante Gesichter: Ein Eckernförder Fischer der Jahrhundertwende.

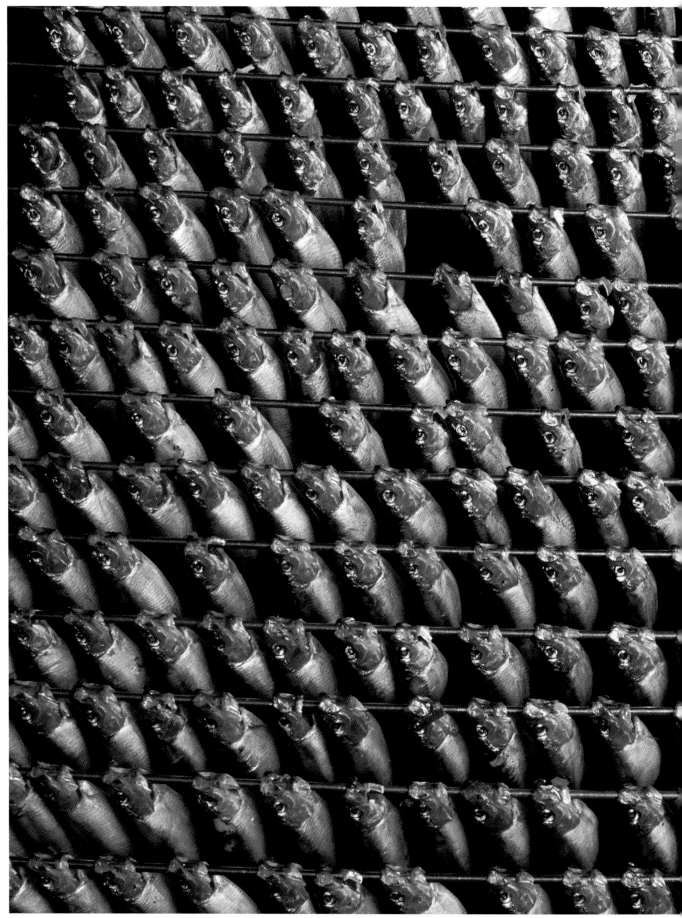

Das „Silber" ist auf Stangen gesteckt. Wie Perlen reihen sich die rohen Sprotten aneinander, die auf ihre Weiterverarbeitung im Räucherofen warten.

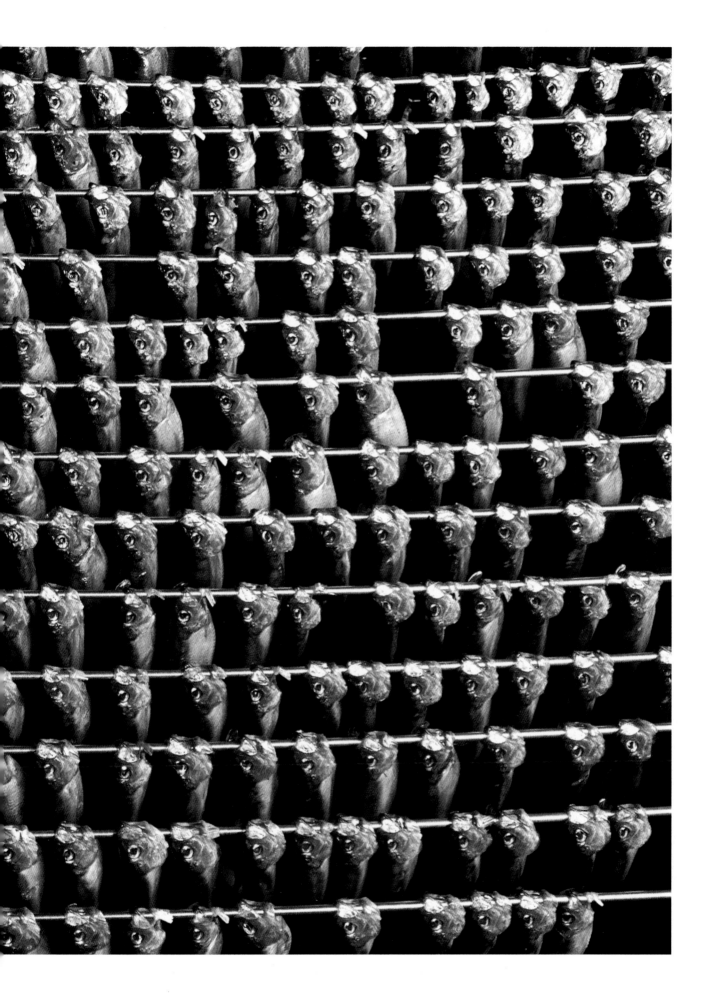

Was hinter diesen Ofentüren dampft, bleibt ein Geheimnis. Jeder Räuchermeister hütet sein eigenes Rezept, mit welchen Holzsorten und welcher Räucherart er die Sprotten in einen Gaumenschmaus verwandelt.

Das Netzflicken gehört auch in Zeiten moderner Kunststoffgarne zum Handwerk. Mit geschickten Griffen und Knoten werden zerissene Teile wieder erneuert.

Fischer wie Hans Föh läßt auch im hohen Alter die See nicht los. Mit seiner betagten „Ecke 25" tuckert der Seebär immer noch auf die Bucht oder füttert die Schwäne, die ihm erwartungsvoll entgegen schwimmen.

Butt direkt von Bord schmeckt am besten. Am Eckernförder Hafen kann man den Fisch frisch vom Kutter kaufen und anschließend selbst zubereiten.

Des Kaisers Matrosen – maritime Geschichten

*Zur „Aalregatta"
formieren sich die Traditionssegler zum
buntbeflaggten Mastenwald. Ein Volksfest
für See- und Seh-Leute gleichermaßen, das
jährlich Tausende anlockt.*

Wenn die Oldtimer unter Segeln auslaufen, drängen sich die Schaulustigen am Kai. Immer häufiger entdecken Zwei- und Dreimaster die Hafenstadt als lohnendes Ziel.

Als der Yachtsport Anfang dieses Jahrhunderts geboren wurde, waren auch Eckernförder mit an Bord. Wenn von April bis Mai die Wadenfischerei ruhte, suchten sich die Fischer einen Saison-Job auf dem Bau oder als Matrose großer Yachten. „Lustsegeln" nannte man es damals, aus purem Vergnügen mit Windkraft über die Ostsee zu schippern. Während die Eckernförder Bucht beherrscht war von den rotbraunen Arbeitssegeln der Fischerboote, galt der Regattasport noch als elitärer Zeitvertreib. Leisten konnten ihn sich nur die reichen Leute von Industriellen bis hin zum Kaiser.

Wenn die schlanken Schonersegler zur jährlichen Kieler-Woche-Regatta nach Eckernförde in den Hafen einliefen, mischten sich auch die Eckernförder Fischerjungs unter die bewundernden Zuschauer. Heiß diskutierten sie darüber, warum die mit schnellen

Linien gebaute „Meteor" des Kaisers nie eine Regatta gewann. Gesegelt wurden die großen, prestige-trächtigen Yachten damals nicht von ihren betuchten Eignern, sondern „bezahlten Händen", die die schwere Arbeit an den Segeln übernahmen. Meist waren es junge Engländer aus dem Mutterland des Segelsports.

Die mit Wind und Wetter vertrauten Eckernförder Fischer wußten zwar, daß die englischen Sailors gute Segler waren, aber sie entschieden selbstbewußt: „Das können wir schon lange". Den Worten folgten Taten. Im Jahre 1906 trafen sich 17 Mann im Lokal „Ostseehalle" und gründeten auf Initiative des Fischers Heinrich Prüß den Verein der Eckernförder Yachtmatrosen. Der Ehrgeiz war erwacht, und umgehend wurden Segelvereine und Yachteigner angeschrieben, um die neuen Dienste anzubieten.

Mit ungeahntem Erfolg: Schon nach wenigen Wochen vermeldeten Zeitungen getreu dem damaligen Zeitgeist, daß der Kaiser mit der „Unsitte" breche, als Führer von Sportyachten englische Schiffer zu wählen. Auch die Besatzungen sollten sich fortan aus deutschen Matrosen zusammensetzen. Einen bedeutenden Anteil davon stellten die im Umgang mit Pinne und Schot erfahrenen Eckernförder Yachtmatrosen. Und tatsächlich rauschte die kaiserliche „Meteor" auf der nächsten Regatta als Erste über die Ziellinie.

Der Yachtmatrosen-Verein errang rasch einen hervorragenden Ruf, und die Anfragen von Schiffseignern häuften sich. Die Entlohnung der Mitglieder legte der Verein fest: Außer einem Geldbetrag standen den Yachtmatrosen jährlich ein maßgeschneiderter Anzug, ein dunkelblauer Troyer mit eingesticktem Schiffsnamen und zwei

Das Regatta-Fieber ergreift die Skipper auch auf der Eckernförder Bucht, einem der schönsten Segelreviere an der schleswig-holsteinischen Ostseeküste.

Paar Schuhe zu. Dafür wurden an den „idealen" Matrosen auch besondere Anforderungen gestellt. Neben vorzüglichen Segelkenntnissen sollte der Angeworbene „ehrlich, sauber, gut erzogen, absolut diskret und möglichst wohlgestalt" sein. Überstunden waren an Bord keine Seltenheit und die Arbeitstage manchmal bis zu 18 Stunden lang. Einige Matrosen kehrten nach der Segelsaison wieder in ihre Fischerberufe zurück, andere blieben.

Der Verein Eckernförder Yachtmannschaften existiert heute noch, wenngleich seine Vermittlungstätigkeit fast vollständig erloschen ist. Die riesigen Yachten mit großen Besatzungen sind rar geworden, die Eigner greifen zumeist auf eigene Leute zurück, und nicht zuletzt fehlt es den Yachtmatrosen an Nachwuchs. Einmal im Monat aber wird das Vergangene wieder lebendig. Dann treffen sich die

Vereinsmitglieder zum Klönschnack im Segelclub, und im dichten Tabakqualm flackern die Geschichten berühmter Yachten und ihrer Erfolge noch einmal auf.

Heute ist jeder Skipper sein eigener Yachtmatrose. Segeln hat sich zum Breitensport gemausert und ist längst nicht mehr Fürsten und Industriekapitänen mit dickem Portemonnaie vorbehalten. In Eckernförde hat der Segelsport seine besondere Bedeutung behalten: Ein aktiver Segelclub, der drittgrößte in Schleswig-Holstein, richtet zahlreiche Regatten aus. Und wenn in der Saison eine frische Brise aufkommt, blähen sich schnell die weißen Segel über der blauen Bucht.

Einmal im Jahr, zu Beginn der Kieler Woche, ist die Stadt Schauplatz eines maritimen Leckerbissens: Zur „Aalregatta" von Kiel nach Eckernför-

de, die ihren Namen dem Räucheraal verdankt, den die Crews für ihre Teilnahme erhalten, füllt sich der kleine Hafen bis zum Rand. Dann reihen sich um die 200 schnittige Regatta-Yachten in dichten Päckchen am Kai und locken Tausende von schaulustigen „Sehleuten" an. Eindrucksvoll verabschieden sich die Boote am nächsten Morgen wieder, wenn bei günstigen Westwinden die bunten Spinaker gesetzt werden.

Zunehmend kommen aber auch Oldtimer-Fans auf ihre Kosten. Nicht nur zur „Aalregatta" sammeln sich die turmhohen Masten der Traditionssegler in Eckernförde und vermitteln einen Eindruck davon, wie es am Kai einmal ausgesehen haben mag, als die Stadt Heimathafen einer stolzen Handelsflotte war. Auch in der übrigen Saison entdecken mehr und mehr Großsegler auf ihren Fahrten Eckernförde als lohnendes Ziel, und einige haben hier ihren Heimathafen.

Nicht nur dann gibt es im Hafen, dessen günstige Lage die Stadt einst einen wichtigen Teil ihrer Entwicklung verdankte, immer etwas zu entdecken. Hier starten Ausflugsschiffe zum Ostseetörn, oder legen die Angelkutter ab, auf denen jeder einmal sein Glück mit Köder und Haken probieren kann. Hier läßt sich herzhaft in ein Fischbrötchen beißen, kann man die akrobatischen Flugkünste der Möwen beobachten oder einfach das malerische Panorama des Borbyer Ufers genießen.

Ein- und auslaufende Schiffe grüßt der blau-gelb geringelte alte Eckernförder Leuchtturm. Als häufig fotografiertes Wahrzeichen steht er noch, als Seezeichen hat er längst ausgedient. Sein moderner Nachfolger, von den Eckernfördern spöttisch „Geierschnabel" genannt, kann es mit dem Veteran am Hafen zwar an Leuchtkraft aber nicht in punkto Schönheit aufnehmen.

Jeden ersten Sonntag im Monat verwandelt sich der Hafen zudem in einen lebhaften Markt. Der über die Grenzen Eckernfördes hinaus bekannten „Fischmarkt" scheint dem Hamburger Vorbild Konkurrenz machen zu wollen. Fische stehen zwar nicht im Mittelpunkt – auch wenn Aal-Dieter lauthals und wortgewaltig seine Ware anpreist. Dafür gibt's jede Menge Stände mit Krimskrams, Klamotten, Kunsthandwerk bis hin zu Bratwurst und Buletten. Die Beliebtheit des Fischmarkts ist ungebrochen, und regelmäßig meldet an diesem Tag der Verkehrsfunk: Nichts geht mehr in Eckernförde.

Ein letzter Blick über die Rapsfelder auf weiße Segel. Ein bißchen Fernweh nimmt jeder Windjammer mit auf die Reise.

Faszination Segeln. In Eckernförde hat dieser Sport einen hohen Stellenwert behalten. Hier ist einer der größten Segelclubs im Lande beheimatet.

Die modernen „Yachtmatrosen" finden sich auf den schnellen Cuppern. Die Technik hat sich verändert, die schwere Arbeit an Segeln und Schoten ist geblieben.

Vom Badekarren zum Wellenbad – ein Ostseebad entwickelt sich

Sauberes Wasser, weißer Strand. Im Sommer ist das Baden in Eckernförde ein Vergnügen – das wissen vor allem Familien zu schätzen.

Badeleben anno dazumal: Um die Jahrhundertwende war an Bikini und kurze Badehose noch lange nicht zu denken.

„Zieh' her, o Fremdling aus Stadtgewühl
von frischer Arbeit zur Uferkühl
und stürz Dich in salzige Fluten!
Im kühlenden Bade erstarkt das Gebein,
die Seele wird heiter, das Blut wird rein,
es fliehen der Schmerzen Gluten."

Amüsant klingt es, wie 1833 ein Pastor in Versform die Anfänge des Fremdenverkehrs in Eckernförde besang. In einem modernen Touristik-Prospekt werden sich heute kaum solche Töne finden. Bei Feriengästen aus dem „Stadtgewühl", vor allem den Ballungszentren Nordrhein-Westfalens, steht das Ostseebad aber weiterhin ganz oben auf der Beliebtheitsskala. Wenn sich im Sommer Urlauber und Einheimische am kilometerlangen Eckernförder Sandstrand aalen, ahnt allerdings niemand mehr, daß die See an den Küsten einst als wild und ungestüm gefürchtet war. Baden im Meer? – kein Gedanke.

Erst im vorigen Jahrhundert wurde die Reise an das neu entdeckte Meer salonfähig. Englische Ärzte, die das Seewasser als Gesundheitskur empfahlen, machten den Anfang. Und königliche Fuß- und Fingerspitzen, die vorsichtig eingetaucht wurden, bahn-

ten den Weg zur Gründung zahlreicher Seebäder. Auch in Eckernförde galt Baden bald als schick und heilsame Medizin für allerlei Zivilisations-Wehwehchen.

Im damals eigenständigen Borby initiierten 1831 ein Pastor, ein Arzt und ein Senator die erste Seebadeanstalt an der nördlichen Ostseeküste Schleswig-Holsteins. Der Start war bescheiden: Zunächst entstand ein Badehaus, in dem für noch zaghaft Kurende kalte und warme Wannenbäder verabreicht wurden. Wenig später kam ein Badepavillon für die Damen hinzu, und die ersten Badegäste tasteten sich auf Badeflößen sogar ins Freie vor – ein damals durchaus gewagter Schritt.

In dieser Zeit erhielt die Anlage auch ihren Namen: „Marien-Louisen-Bad Borby", benannt nach den beiden Töchtern des Landgrafen Karl von Hessen, die den Sommer im nahen Louisenlund verbrachten und zum Baden nach Borby kamen. Die eine, Marie, wurde später dänische Königin. Das neue Seebad entwickelte sich rasch zum allgemeinen „Versammlungs- und Vergnügungsort" der Betuchten und Vorneh-

men der Region. Auch Kaiser Wilhelm II. besuchte während der Kieler Woche regelmäßig das „Marien-Louisen-Bad", in dem ein geselliger Bierabend für die High-Society veranstaltet wurde, wenn sich der Hafen mit Yachten und Booten füllte. Kaiserin Auguste Viktoria soll Borby gar zu ihrem Lieblingsbad erkoren haben.

Doch beim Baden bewahrte man noch Contenance. So locker und ungezwungen, wie es heute an den Stränden zugeht, war es in diesen hochgeschlossenen Zeiten nicht getan. Keusch und schicklich traten die ersten Borbyer Badegäste auf, verschwanden vollständig angezogen in den Umkleidekabinen der Badeflöße, entkleideten sich dort und gelangten durch die hintere Tür in ein Zelt, das bis ins Wasser reichte. Einmal untergetaucht und wieder angezogen – das reichte vorerst.

Noch 1898 mahnte die polizeiliche Bekanntmachung einer Eckernförder Badeanstalt sittenstreng an unterschiedliche Zeiten für Männlein und Weiblein: *Vormittags von 8 bis 11 Uhr für erwachsene Mädchen und Frauen sowie für kleine Kinder. 11 bis 12 Uhr vormittags, 2 bis 4 Uhr nachmittags für noch nicht konfirmierte Mädchen. 4 bis 7 Uhr nachmittags für noch nicht konfirmierte Knaben. 7 Uhr nachmittags bis 9 Uhr abends für Lehrlinge etc. und erwachsene Männer".*

Mit dem Baden hinter geschlossenen Türen und strikter Geschlechtertrennung war es glücklicherweise bald vorbei. Um die Jahrhundertwende kam das Familienbad auf, wich das Schönheitsideal der „vornehmen Blässe" dem neuen Trend einer natürlichen Bräune. Die Badekleidung wurde offenherziger, das Strandleben ungezwungener. Nicht mehr die Promenade mit Sitzbänken und Rasen war gefragt, sondern der Strand selbst. Und der fand sich, weiß und steinfrei, am Eckernförder Südstrand.

Kein Wunder also, daß Eckernförde nach dem Ersten Weltkrieg dem alten Seebad Borby den Rang ablief. Statt teurer Renovierung wurden die Anlagen des „Marien-Louisen-Bades" abgerissen, und am breiten Südstrand, der sich mit Körben, Burgen und bunten Wimpeln belebte, wuchs Schritt für Schritt ein neues Seebad heran. 1923 war es soweit: Feierlich wurde das „Ostseebad Eckernförde" eingeweiht.

Nach der Zäsur des Zweiten Weltkriegs mußte der Kurbetrieb wieder angekurbelt werden. Man richtete den in Notzeiten in einen Kartoffelacker umgewandelten Kurpark wieder her, und bald erklang aus der neuen Musikmuschel das erste Kurkonzert.

Da bekanntlich nicht jeder Sommer seinen Namen verdient, baute die Stadt in den 70er Jahren mit einem Meerwasserwellenbad vor, in dem die Ostsee auch bei „Schietwetter" rauscht. 1996 wurde die Halle grundlegend renoviert. Darüber hinaus ließ die Stadt vor wenigen Jahren aufwändig die Kuranlagen mit ihrer üppigen Blumenpracht, die angrenzende Strand-

Gruß aus den 60ern. Langbeinige Badenixen warben für den neu erwachten Kurbetrieb in Eckernförde.

Prachtvolle Bäder-Architektur aus den Anfängen des Ostseebades. Das Kurhotel am Borbyer Ufer wurde nach dem Ersten Weltkrieg abgerissen.

promenade und die Borbyer Uferpromenade modernisieren.

Heute genießt Eckernförde als Ostseebad einen guten Ruf. Rund 140.000 Übernachtungen zählt die Kurverwaltung pro Jahr. Urlauber aus dem ganzen Bundesgebiet zieht es an die Bucht, wo längst nicht mehr nur der Strand die Attraktion ist. Zwar kann Eckernförde weiterhin mit sauberem

Wasser werben, zunehmend sind aber auch andere Freizeitaktivitäten gefragt – und da hat die Stadt einiges zu bieten: Wander- und Radwege in der reizvollen Umgebung zählen ebenso dazu wie vielfältige Kulturveranstaltungen, Wassersport, eine Schiffstour auf der Ostsee oder einfach Ausspannen in einem der Straßencafés.

Eine Tretbootflotte wartet auf Freizeit-Kapitäne, auch wenn die Ostsee keine Badetemperaturen aufweist.

oben: Sonne und eine frische Brise machen die Ostsee-Ferien erst schön.

rechts oben: Im Sommer lockt der breite Kurstrand, der im Osten direkt an die Altstadt grenzt.

rechts unten: Strand und Kunst bilden in Eckernförde keine Gegensätze. Am „Skulpturen-Strand" weist dieser Brückenbogen in Luftlinie direkt nach Riga, wo das exakte Gegenstück steht.

Bemerkenswertes am Wegesrand – ein Stadtbummel

Blick auf die Innenstadt. Die Einkaufsmeile Kieler Straße in der Mitte liegt nur einen Steinwurf von der Ostsee entfernt.

5168 Eckernförde 16. 10. 00.   Rathaus

Das alte Rathaus um die Jahrhundertwende. Am äußeren Erscheinungsbild hat sich kaum etwas geändert. Seit 1987 ist hier das Heimatmuseum untergebracht.

Beginnen wir den kleinen Streifzug im Zentrum, in der Mitte Eckernfördes, dem Rathausmarkt. Plätze spielen für eine Stadt seit jeher eine bedeutende Rolle. Sie sind Treffpunkt, Handels- und Kulturschauplatz zugleich. Der Rathausmarkt hat sich diese Multifunktion bewahrt: Zum Wochenmarkt bauen hier die Händler ihre bunten Stände auf, treffen sich die Eckernförder zum Einkauf und zu einem Schwätzchen. Im Sommer locken zudem die nahen Cafés mit Tischen im Freien, von denen aus sich das geschäftige Treiben bei Eis und Kaffee entspannt genießen läßt. In dieser Zeit ist der Rathausmarkt auch Forum für Feste, Jazz-Konzerte oder Flohmärkte – eben ein echter Ort der Begegnung.

Stolze Bürgerhäuser umrahmen den in sich geschlossenen Platz, dessen eine Seite vom historischen Rathaus begrenzt wird, das in seinem Kern noch aus dem 16. Jahrhundert

stammt. Nach Auszug der Stadtverwaltung in einen größeren Neubau ist hier seit 1987 das Heimatmuseum untergebracht, dessen Besuch man nicht versäumen sollte. Im alten Gemäuer modern aufgemacht, gibt es anschauliche Einblicke in die Stadtentwicklung und überrascht mit Exponaten vom originalen Tante-Emma-Laden bis zum Badeanzug anno-dazumal. Hinzu kommen interessante Wechsel-Ausstellungen von Kunst und Kunsthandwerk. Auch wer meint, schon alles gesehen zu haben, wird immer wieder Neues entdecken. Im Erdgeschoß findet sich außerdem der „Ratskeller", ein Traditions-Lokal.

Durch einen kleinen Torweg erreicht man den angrenzenden Kirchplatz, der vom mächtigen Satteldach der St.-Nicolai-Kirche beherrscht wird. Im 15. Jahrhundert wurde sie als dreischiffige Hallenkirche ausgebaut, in Fragmenten reicht sie sogar bis ins

13. Jahrhundert zurück. Auf dem riesigen, roten Ziegeldach sitzt ein schlanker Dachreiter als Spitze. Für einen richtigen Turm, dessen kräftiger Sockel sich unter dem Dach verbirgt, hatte es seinerzeit nicht mehr gelangt. Den Eckernfördern fehlte es offenbar am dafür notwendigen Geld.

Ein Blick ins Innere der Kirche lohnt sich: Vielbeachtetes Prunkstück ist der reich verzierte Altar, der 1640 von Hans Gudewerdt dem Jüngeren geschnitzt wurde. Kenner meinen, es sei das schönste Werk des talentierten Eckernförder Barockmeisters, der die Bildschnitzkunst zu neuen Höhen führte. Einflüsse der „Gudewerdt-Schule" – auch sein Vater war ein bekannter Schnitzkünstler – lassen sich bis nach Dänemark und Norwegen verfolgen. Menschliche Figuren soll Gudewerdt nach lebenden Modellen gefertigt haben. Die Apostel am Eckernförder Altar jedenfalls entbehren nicht einer gewissen Ähnlichkeit mit markigen Fischergestalten.

Vom Kirchplatz führt der Weg links wiederum durch einen Torbogen in die St.-Nicolai-Straße mit ihren hübschen Häusern, einer Reihe Boutiquen und dem Kaffeehaus Heldt, das im Stil der Jahrhundertwende restauriert wurde. Rechterhand dagegen nimmt die Kieler Straße ihren Anfang, die Hauptschlagader des Geschäftslebens der Stadt. Doch trotz aller Betriebsamkeit zeichnet sich Eckernfördes Einkaufs- und Bummelmeile durch eine kleinstädtische Gelassenheit aus, die selbst Kieler zu schätzen wissen – nicht nur, weil die Straße und heutige Fußgängerzone nach der nahen Landeshauptstadt benannt ist.

Der Blick sollte von den Schaufenstern ab und zu in die Höhe schweifen, denn viele Häuser schmücken sehenswerte Giebel und Verzierungen. Man wird allerdings kaum ein Gebäude entdecken, das älter als 200, 300 Jahre ist, denn Feuersbrünste, Sturmfluten und Kriege zerstörten immer wieder weite Teile der Stadt. Im Kern präsentiert sich Eckernförde deshalb als eine barock-klassizistische Kleinbürger- und Fischerstadt auf mittelalterlichem Grundriß. Der „Methusalem" der Kieler Straße ist die „Ritterburg" aus dem 16. Jahrhundert – einst Gaststätte, heute Supermarkt.

Von der belebten Fußgängerzone aus kann der Spaziergänger auf seinem Streifzug leicht in das Labyrinth der ruhigen Altstadtgässchen eintauchen. Pastorengang, Fischergang, Rektorgang oder Töpfergang heißen dort die schmalen, kopfsteingepflasterten Straßen, deren Namen von den einstigen Bewohnern und ihren Berufen erzählen. Links und rechts drängen sich die Häuschen unter rot leuchtenden Ziegeldächern, als müßten sie gegen den vom Meer kommenden Ostwind zusammenrücken.

Mit Zugnetzen, wie diese Ringwade, gingen die Fischer früher auf Fang. Mit dem Netz versuchten sie Fischschwärme einzukreisen und machten – mit Glück – reiche Beute.

Interessante Einblicke in die Eckernförder Historie vermittelt das modern aufgemachte Heimatmuseum. Originale Schaustücke und Modelle veranschaulichen das damalige Leben und Arbeiten in der Hafenstadt. Der rekonstruierte Kaufmannsladen zählt zu den beliebtesten Exponaten der Museumsbesucher.

Viele der Fassaden sind hübsch herausgeputzt, zeigen Sprossenfenster, Erker und bunte Holztüren. Und nicht nur im Rosengang blühen im Sommer an vielen Hauswänden rote und gelbe Rosen. Kaum einer ahnt dagegen, daß sich hinter den putzigen Altstadthäusern oft bezaubernde Gärten und kleine, verschwiegene Höfe verbergen. Freiraum für Individualisten, inzwischen auch teuer gewordener Wohnraum – aber auf jedenfall eine beschauliche Oase mitten im Zentrum.

Östlich der Altstadt, nur wenige Schritte entfernt, branden bereits die Ostseewellen an den feinen Sandstrand. Wer der Uferpromenade, von der aus sich der Blick auf die gesamte Bucht öffnet, nach Süden folgt, stößt auf ein mit Reet gedecktes, ehemali-

Die Kieler Straße ist seit Ende der 70er Jahre Fußgängerzone. Das Bild zeigt sie in der Zeit des Nationalsozialismus, als die Kieler Straße vorübergehend „Straße der SA" hieß.

ges Bootshaus. Die renommierte Galerie „nemo" hat sich nicht nur geographisch, sondern auch von ihrer Konzeption her auf die zeitgenössische Kunst Nordeuropas und der baltischen Republiken ausgerichtet. Daneben beherbergt sie die einzige professionelle Kupferdruckwerkstatt Schleswig-Holsteins.

In der entgegengesetzten Richtung endet die Strandpromenade am Hafen. Er ist Ausgangspunkt von Ausflugsschiffen und Angelkuttern sowie Heimat einer kleinen Fischerboot-Flotte und mehrerer Traditionssegler. Vom Hafen blickt man auf das schöne Panorama des Borbyer Ufers. Unterhalb des runden Backsteinsilos aus den 30er Jahren, eines der Wahrzeichen der Stadt, schlägt die Holzbrücke die Fußwegverbindung nach Borby. Will sich ein Frachter in den engen Binnenhafen zwängen, muß der Hafen-

meister die urige Klappbrücke öffnen. Die Wartenden schauen dann gebannt, wie das Schiff die schmale Durchfahrt passiert.

Borby war lange Zeit eine eigenständige Gemeinde. Erst 1935 wurde sie in die Stadtgrenzen Eckernfördes eingegliedert. Borby, das als „Burgdorf" selbst auf eine lange Geschichte zurückblicken kann, legt Wert darauf, mehr als nur der nördliche Stadtteil zu sein. Und manch Bewohner fühlt sich auch heute noch nicht als „richtiger" Eckernförder. Verstecken braucht sich das auf der gegenüberliegenden Hafenseite gelegene Borby ohnehin nicht: Am Vogelsang- und Jungmannufer zieht sich eine prächtige Reihe alter Villen entlang. Und die Uferpromenade wurde umfassend saniert. Durch zahlreiche maritime Motiv-Steine und die Öffnung der Lachsenbach-Mündung, die jetzt von

einer kleinen Brücke überspannt wird, ist die Spaziermeile ein besonderes Schmuckstück geworden.

Auf der Höhe des alten Ballastberges thront stolz die aus Feldsteinen errichtete, eindrucksvolle Borbyer Kirche. Ihre Entstehung geht auf das 12. Jahrhundert zurück, nur der Turm ist jüngeren Datums. Schmuckstück des Gotteshauses ist eine romanische Taufe aus gotländischem Kalkstein mit Reliefplastiken. Der Altar wird der Schnitzer-Schule Gudewerdt zugeordnet.

Von der Anhöhe aus läßt sich einer der schönsten Blicke auf Eckernförde genießen. Umrahmt von Gehölzen schaut man auf den ganzen Hafen, die Bucht und das Dächermeer der Altstadt. Hier ist von der Geschäftigkeit der Straßen nicht mehr viel zu spüren, ruhig und gelassen liegt die Stadt dem Betrachter zu Füßen.

Eckernförde.

Blick auf den Binnenhafen, der damals dicht mit Fischerbooten belegt war. Von den beiden würfelförmigen Speichern ist heute nur noch einer erhalten.

Zeit, sich umzudrehen, einen Stein zu betrachten, dessen Inschrift an ein allzuleicht vergessenes und verdrängtes Kapitel der Geschichte erinnert. Der Nationalsozialismus und seine Geburtswehen forderten auch in Eckernförde ihre Opfer. Als mit dem Kapp-Putsch 1920 die junge Weimarer Demokratie zu Fall gebracht werden sollte, spielten sich auch in Eckernförde dramatische Ereignisse ab. Unterstützt von Landrat und Bürgermeister besetzten die Putschisten in der Nacht zum 15. März alle wichtigen Einrichtungen der Stadt. Aus Kiel wurden zusätzlich zwei Minensuchboote nach Eckernförde entsandt.

In der Stadt formierte sich bewaffneter Widerstand. Doch durch Verhandlungen konnte ein friedlicher Abzug der Aufständischen erreicht werden. Dennoch kam es im letzten Augenblick zu einer unkontrollierten Schießerei. Gewehrkugeln, die von den Minensuchbooten ziellos in die Menge gefeuert wurden, trafen zwei Gewerkschafter tödlich.

Noch einmal mußten Menschen sterben, als die Nationalsozialisten im Juli 1932 in der Stadt eine Massenkundgebung mit rund 2.000 uniformierten SA- und SS-Angehörigen aus Eckernförde und Umgebung zum „Deutschen Tag der NSDAP" abhielten. Im Anschluß an die Kundgebung überfielen mehrere Hundert das Gewerkschaftshaus. Zwei Mitglieder des Landarbeiterverbandes, der dort gerade getagt hatte, wurden durch Messerstiche ermordet. An der Trauerfeier in Karby nahmen 7.000 Menschen teil. Die beiden Landarbeiter waren die ersten Opfer des Nazi-Terrors, der auch Eckernförde nicht verschonte.

oben: Die Stadtkulisse vom Borbyer Ufer aus gesehen. In der Nachkriegszeit dominierte noch das markante Rundsilo die Silhouette. Heute überragen es seine „Beton-Kollegen".

rechts oben: Stimmungsvoller Morgen am Binnenhafen. Langsam hebt sich der Nebel unter den ersten Sonnenstrahlen.

rechts unten: Der alte Leuchtturm grüßt am Hafen die ein- und auslaufenden Schiffe. Den sicheren Weg nach Eckernförde weist das blau-gelbe Seezeichen allerdings nicht mehr – es ist außer Dienst gestellt.

Am Kirchplatz beginnt die Fußgängerzone Kieler Straße. Von Einkaufshektik ist auf der beliebten Bummelmeile nicht viel zu spüren.

Mittwochs und sonnabends schlagen die Markthändler ihre Obst- und Gemüsestände auf dem Rathausplatz auf. Der gemütliche Wochenmarkt ist Einkaufsort und Treffpunkt zugleich.

Der imposante Giebel der „Ritterburg", einer ehemaligen Gaststätte, gehört zu einem der ältesten Häuser der Stadt. Das Gebäude in der Kieler Straße stammt aus dem 16. Jahrhundert.

Manch Eckernförder Bauherr wollte für sich die Sonne jeden Tag scheinen lassen – wie an diesem Haus am Jungfernstieg.

In den schmalen, kopfsteingepflasterten Gassen der Altstadt, wie hier im Kattsund, geht das Leben einen ruhigeren Gang. Viele Fassaden der alten Fischerhäuschen sind wieder hübsch herausgeputzt.

Der alte Speicher kündet noch von Handel und Handwerk in der Altstadt. Heute hat das Wohnen die kleinen Läden und Betriebe weitgehend verdrängt.

Der reich verzierte Holzaltar ist das Prunkstück der St.-Nicolai-Kirche. Gefertigt wurde er 1640 von Hans Gudewerdt dem Jüngeren, talentierter Sproß einer berühmten Eckernförder Schnitzerfamilie.

Die St.-Nicolai-Kirche beherrscht mit ihrem mächtigen Satteldach den Kirchplatz. Das Gotteshaus wurde im 15. Jahrhundert als dreischiffige Hallenkirche ausgebaut, in Fragmenten ist es noch älter.

Blick auf die Holzbrücke und die rot gestrichene „Siegfrid-Werft", die als Hotel-Restaurant dem alten Werftgebäude angegeglichen wurde. Mit dem Kutter „Ecke 4" im Vordergrund sind auch Erlebnisfahrten mit Fischfang möglich.

oben: Die kleine Bootsvermietung hat schon seit Jahrzehnten ihren Platz am Vogelsang-Ufer. Tret- und Ruderboote locken zu einer Ausflugsfahrt.

rechts oben: Der historische Backsteinspeicher am Binnenhafen wurde außen restauriert und innen zum Bürogebäude umfunktioniert.

rechts unten: „Putztag" im Hafen. Möwe und Schwan haben sich friedlich auf schwimmenden Fischbehältern niedergelassen.

Handel und Wandel – Eckernförde heute

Die Bundesmarine spielt als größter Arbeitgeber in der Stadt eine gewichtige Rolle. Der Marinehafen ist Typstützpunkt aller deutschen U-Boote.

Kleine Boote können die Holzbrücke ungehindert passieren. Für größere Schiffe muß der Hafenmeister die Klappbrücke öffnen.

Die kleine Stadt an der Ostsee stand in ihrer Geschichte immer wieder vor besonderen Herausforderungen. Die wohl größte in den vergangenen Jahrzehnten war die Aufnahme des Flüchtlingsstroms bei Kriegsende. Obwohl Eckernförde bereits Marinestützpunkt war und eine Torpedoversuchsanstalt beherbergte, blieb die Stadt im Zweiten Weltkrieg weitgehend von Luftangriffen verschont. So diente die Eckernförder Bucht im letzten Kriegsjahr Tausenden von Flüchtlingen aus Pommern und Ostpreußen sowie Verwundeten als rettender Anlaufhafen.

Allein im Mai 1945 lagen 212 Schiffe im Hafen und auf Reede. Die Einwohnerzahl Eckernfördes explodierte. Sie stieg in einem Jahr um über 10.000 Menschen auf 26.000 Bewohner – eine Zahl, die veranschaulicht, welche immensen Probleme bei der Versorgung und Unterbringung der Menschen zu

überwinden waren, die zum großen Teil aus Frauen und Kindern, Alten und Kranken bestanden. Schulen verwandelten sich in Notunterkünfte, Barakkenlager wurden eingerichtet.

„Wir kamen in eine Schule, wo wir dicht gedrängt an die 30 Mann auf den Dielen und Stroh schlafen mußten", berichtete ein Ostpreuße nach gefahrvoller Flucht über seine Ankunft in Eckernförde. *„Nach acht Tagen bekamen wir ein Dachzimmer in der Kieler Straße. Betten hatten wir zuerst noch nicht, aber wir waren schon mit allem zufrieden..."* Heute erinnern nur noch Straßennamen wie Danziger oder Pillauer Straße an die schwierige Nachkriegszeit.

Eckernförde hat sich inzwischen zu einer lebendigen Stadt entwickelt mit einem florierenden Einzelhandel sowie kleinen und mittelständischen Betrieben. Der bekannte Anisschnaps

„Küstennebel" zum Beispiel ist die Erfindung der alteingessenen Eckernförder Getränkefirma Behn. Das Gros bundesdeutscher Polizeipistolen stellt die Waffenfabrik „Sauer & Sohn" her, das Unternehmen „Punker" liefert High-Tech-Lüfterräder in alle Welt. Der Hafen, einst das wirtschaftliche Zentrum Eckernfördes, wandelt sich: Das Fischereigewerbe verlor drastisch an Bedeutung, auch die Frachtraten im Hafen gingen zurück. Die traditionsreiche Siegfried-Werft, auf der früher viele Fischkutter vom Stapel liefen, schloß ihre Tore. Ihren Platz nehmen jetzt ein Yachtbetrieb, Wohnungen und ein kleines Restaurant ein. Auch für den Hafenstandort eines großen Getreidehandels gibt es bereits neue Planungen, und am Außenhafen ist ein stadtnaher Sportboothafen entstanden.

Einem Strukturwandel sieht sich auch die Marine gegenüber, die als

Prächtige Villen säumen den Vogelsang. Am Borbyer Ufer ist der Blick aufs Wasser inbegriffen.

größter Arbeitgeber mit rund 3.000 Soldaten und Zivilbediensteten am Ort eine gewichtige Rolle spielt. Schon 1913 wurde ein Torpedoschießstand errichtet, heute erprobt hier die „Wehrtechnische Dienststelle für Schiffe und Marinewaffen" (WTD 71) Neuentwicklungen. Außerdem sind die deutsche U-Boot-Flottille sowie die Spezialeinheiten der Kampfschwimmer und Minentaucher hier beheimatet.

Den „Wirtschaftsfaktor Bundeswehr" ließ die Truppenreduzierung allerdings um ein Drittel schrumpfen. Gegenzusteuern versuchte die Stadt mit einem neuen Gewerbegebiet im Süden Eckernfördes. Es trägt eine ökologische Handschrift, umfaßt ein Technik- und Ökologiezentrum und ein Biomasseheizkraftwerk für ein benachbartes Wohngebiet.

Natur- und Landschaftsschutz haben in Eckernförde in den vergangenen

Jahren erfolgreich Früchte getragen. Durch die konsequente Umsetzung einer Umwelterhebung in die Bauleitplanung heimste die Stadt wiederholt Preise als umweltfreundliche Gemeinde und Umweltbundeshauptstadt ein. Um ökologisch wertvolle Flächen zu schonen, wurde die bauliche Entwicklung in den Süden Eckernfördes verlegt. Im Norden entrohrte man stattdessen Bäche und renaturierte Feuchtgebiete.

Fast schon Geschichte ist der Hochschulstandort Eckernförde. Im Fachbereich Bauwesen der Kieler Fachhochschule werden Architekten und Bauingenieure auf ihr späteres Berufsleben vorbereitet. Die „Bauschule", wie die Eckernförder sie nennen, ist die älteste Ausbildungsstätte ihrer Art in Schleswig-Holstein. 1868 als städtische Baugewerkschule gegründet, genießt sie bis heute einen ausge-

zeichneten Ruf. Auf Wunsch der Landesregierung soll der Fachbereich jedoch bis 2007 eingestampft und das Bauwesen künftig in Lübeck konzentriert werden – für die Region ein schmerzlicher Verlust.

Und noch eine Besonderheit findet sich in Eckernförde: Die Stadt ist dreisprachig. Neben Hochdeutsch und Plattdeutsch wird hier auch Dänisch gesprochen. Natürlich kann das längst nicht jeder, aber die dänische Minderheit in Eckernförde trägt ihren Teil zum gesellschaftlichen und kulturellen Leben bei. Die Dänen unterhalten eine eigene Schule, einen Kindergarten sowie Freizeit- und Kultureinrichtungen. Und sie können mit einer eigenen Partei für die Ratsversammlung kandidieren. Der Umgang mit Minderheiten im Grenzgebiet zwischen Schleswig-Holstein und Dänemark gilt europaweit als vorbildlich.

Auf der Höhe des Petersberges thront die Borbyer Kirche. Sie ist aus Feldsteinen errichtet und geht auf das 12. Jahrhundert zurück. Der Turm ist jüngeren Datums.

Borby glänzt mit einer rundum modernisierten Uferpromenade. Nicht nur maritime Motivsteine wie diese Muschel bieten etwas fürs Auge. Auch die kleine Brücke über die wieder geöffnete Lachsenbach-Mündung betont die Nähe zum Wasser.

Lebendige Traditionen – die Gilden, Feste, Feiern

Die „Ehrenrunde" auf dem Karussell. Auf den Gildefesten verbinden sich Humor und Brauchtum.

Die Gilden bewahren ihre alten Traditionen. Zum Fest der Borbyer Gilde darf der Fahnenschwenker nicht fehlen.

Wer am Eckernförder Strand ehrbare Männer in gelben Westen und schwarzen Zylindern auf einen hölzernen Vogel schießen sieht, sollte sich nicht wundern. Das Rätsel ist schnell gelöst: ein Gildefest. Was in modernen Augen fast schon nostalgisch anmutet, wurzelt in weit zurückliegenden Traditionen. Gilden bildeten sich vor Jahrhunderten aus der Not heraus als Schutzbündnisse gegen Kriege, Krankheit und Katastrophen. Sie gelten sogar als Vorläufer heutiger Versicherungen.

Die älteste der drei Eckernförder Gilden ist vermutlich die Borbyer Gilde, wenngleich ihr Gründungsdatum unbekannt ist. Die ersten Artikel stammen aus dem Jahre 1746. Noch heute zahlen die rund 1.300 Mitglieder eine Beihilfe bei Knochenbrüchen oder Sterbefällen. Aber die Borbyer verstehen es auch, kräftig zu feiern. Nach einer Schmeckebierversamm-

lung, bei der mit „gelöster Zunge" letzte Unklarheiten beseitigt werden, geht's nach Pfingsten drei Tage lang auf dem Festplatz mit Tanz und Karussell rund. Am Rathausempfang für die Gilden, nimmt die Borbyer Gilde erst seit 1964 teil – nach altem Brauch darf sie die Holzbrücke gen Eckernförde nicht überqueren.

Gilde Nummer zwei, die „Gelben Westen", von denen anfangs schon die Rede war, gründete sich 1570 als „löblich priviligierte Schützen- und Todtengilde" in Eckernförde. Ihre Offiziere tragen heute noch prächtige grün-weiße Uniformen, und die Gildebrüder haben auffällige gelbe Westen an. Nach Pfingstmontag schießen die „Gelben Westen" am Strand auf den hölzernen Papagoyenvogel, um den neuen König zu küren. Dieser war übrigens in früheren Zeiten für die Dauer seiner „Regierung" von städti-

schen Steuern befreit. Ein Privileg, dem die Bürgerschützengilde, so hört man, immer noch nachtrauert.

Nicht durch Feste sondern eine Generalversammlung macht die Eckernförder „Beliebung" auf sich aufmerksam. Diese „stille" Gilde fand sich 1629 nach einer Pest-Epedemie zusammen, um die Toten würdig zu begraben und deren Angehörige zu versorgen. Sie ist die wohlhabendste Gilde der Stadt und verfügt heute noch über Grundbesitz. Eine trinkfreudige Tradition begleitet die Aufnahme neuer Mitglieder. Die nämlich müssen einen mit Braunbier gut gefüllten Silberpokal leeren – ohne abzusetzen. Während der Neuling eifrig schluckt, rufen ihm die Gildebrüder zu: „He schafft dat, he schafft dat nich, he schafft dat..."

Traditionen, die weiterleben. Genauso wie das Rauchen der grazilen

Feiern macht hungrig. Die Mitglieder der „Gelbe-Westen"-Gilde lassen auffahren.

Das Eckernförder Bier hat seine eigene Geschichte. Ende des 16. Jahrhunderts lebte der größte Teil der Bewohner der Stadt von der Schiffahrt und dem Bierbrauen.

Kalkpfeifen, die so manche Versammlung in undurchdringlichen blauen Dunst hüllen. Oder der Fahnenschwenker, der wie die Juchfrauen zum Borbyer Gildefest gehört. Und die „Gelben Westen" basteln jährlich ihren reich verzierten und liebevoll bemalten Pagagoyenvogel, die Zielscheibe des Königsschießens.

So streng wie einst – geht es allerdings nicht mehr zu. Alte Gilde-Artikel mahnten beispielsweise, nicht mehr Bier zu verschütten, als man mit dem Fuß bedecken könne. Wer zuviel vergeudete, mußte zur Strafe „eine halbe Tonne Bier" spendieren. Harte Zeiten, doch Bier gab's in Eckernförde damals reichlich. Eifrige Brauer exportierten einst das Getränk bis zum dänischen Königshof, und ihr „Kakabille-Bier" errang süffige Berühmtheit.

Gebraut wird in der Stadt längst nicht mehr. Aber überliefert ist die denkwürdige Geschichte, wie das „Kakabille-Bier" zu seinem eigentümlichen Namen kam: Der Kardinal Raymundus, der 1503 in der Stadt weilte, kostete das Bier und erfuhr am eigenen Leib die verdauungsfördernde Wirkung des ansonsten wohlschmeckenden Eckernförder Gebräus. Unter diesem nachhaltigen Eindruck prägte er den halblateinischen Namen „Cacabella". „Kakabille-Bier" ist als moderne (und bekömmliche) Nachfüllung zu besonderen Anlässen wieder auferstanden. Das Feiern verstehen natürlich nicht nur die Gilden in Eckernförde. Längst haben sich zum Beispiel die Eckernförder „Sprottentage" ihren festen Platz im Veranstaltungskalender erobert. Im Sommer zeigen nicht nur Vereine und Verbände bunt gemischte Einblicke in ihre Arbeit, es gibt auch Unterhaltung, Musik und eben frisch geräucherte Sprotten. Kleine und große Seeräuber locken die „Piratentage" an, die im August mit einem großen Volksfest folgen.

Zum Auftakt überfallen wilde Gesellen mit Kanonendonner und Piratenschiffen die Stadt. Klassisch geht's dagegen bei den „Classics" zu, die alle zwei Jahre das Ostseebad mit einem Mix aus automobilen Oldtimern und traditionellen Segelschiffen bereichern. Neu, authentisch und stimmungsvoll ist außerdem das Altstadtfest, zu dem sich Gassen und Höfe des historischen Viertels öffnen.

Überhaupt, Kultur findet das ganze Jahr über in Eckernförde statt. Zahlreiche Kleinkunstveranstaltungen buhlen ebenso um die Gunst des Publikums wie eine Theatergemeinschaft und eine Konzertreihe. Hinzu kommen Autorenlesungen, Jazz-Abende auf dem Rathausmarkt, Ausstellungen – die Reihe ließe sich beliebig fortsetzen. Selbst internationalen Festivals bot die kleine Ostseestadt schon ein Forum, und seit einigen Jahren hat hier das Schleswig-Holsteinische Künstlerhaus seinen Sitz. Mit seinem Kulturangebot, meinen viele, brauche sich Eckernförde auch hinter größeren Städten nicht zu verstecken.

Kultur, das ist aber auch Sprache. Und das Plattdeutsche hat in Eckernförde eine besondere Heimat gefunden. Hier fanden nicht nur die ersten Plattdeutschen Kulturtage statt, hier bemühen sich auch die 450 Mitglieder der „Plattdüütsch Gill", das Niederdeutsche am Leben zu halten. Platt schnacken können zwar noch viele ältere Eckernförder – am Hafen etwa oder auf dem Wochenmarkt hört man es noch häufig – die jüngeren aber müssen zumeist passen. Gegenzusteuern versuchen inzwischen auch Schulen: Plattdeutsch im Unterricht, nach dem zweiten Weltkrieg rigoros verbannt, ist wieder gefragt.

Die Bürgerschützengilde, auch „Gelbe Westen" genannt, schießt am Strand auf den hölzernen „Papagoyenvogel". Am Abend wird der neue König gekürt.

Ausflug in die Umgebung – Country Life mit Guts-Romantik

Abschlag vor Schloßkulisse. Zum Gut Altenhof gehört ein landschaftlich reizvoller Golfplatz. Das Herrenhaus im Hintergrund wurde Anfang des 18. Jahrhunderts erbaut.

Blick durch das Torhaus auf das Herrenhaus des Gutes Hemmelmark. Prinz Heinrich von Preußen ließ es Anfang des Jahrhunderts errichten.

„Eckernfördes Lage und Umgebung sind ungewöhnlich anziehend", so schwärmte schon ein Reiseführer im 19. Jahrhundert. Und auch im 20. Jahrhundert wird ihm niemand widersprechen. Die Eckernförder wissen um den Reiz der Region und machen sich an Wochenenden regelmäßig auf, die so nahe Natur zu entdecken.

Wen es nicht zum Ostseestrand zieht, der steht wenige Schritte vor den Stadttoren bereits in einer Landschaft, die vom bunten Mosaik der Knicks und Felder geprägt ist. Zur Rapsblüte verwandelt sie sich alljährlich in eine Farbsymphonie in Gelb, die eindrucksvolle Kontraste zum Blau der Ostsee setzt. Einzeln stehende, uralte Eichen recken sich wie knorrige Kunstwerke der Natur auf den Äckern, und verschwiegene Moore finden sich ebenso wie idyllische Angelplätze.

Auch Wälder und Seen braucht man in dieser abwechslungsreichen Gegend nicht missen, die zudem mit prächtigen alten Gutshäusern aufwarten kann. Archäologisch Interessierte stoßen auf urtümliche Megalithoder Hünengräber, die frühe Bewoh-

ner vor Jahrtausenden aus tonnenschweren Steinen errichteten. Warum sie mit einfachen Mitteln solche gewaltigen Anstrengungen unternahmen, ist unbekannt, und ihre archaischen Steinmale sind bis heute rätselhaft geblieben.

Schon von der Eckernförder Strandpromenade aus leuchten die „Möwenberge" herüber, eine bis zu 20 Meter hohe Steilküste mit einem Strand, der für Naturliebhaber wie geschaffen ist. Bei schweren Oststürmen nagt hier die See am Ufer und reißt ganze Kubikmeter an Lehm und Erde mit sich. Unten am Klippenfuß finden sich dann bizarre Baumgerippe und von der Eiszeit rundgeschliffene Findlinge wieder. Mit etwas Glück lassen sich auch versteinerte Fossilien finden. Oben zieht sich das Schnellmarker Gehölz entlang, einst Schlupfwinkel für lichtscheue Gestalten und Schrecken der Reisenden, heute beliebtes Wandergebiet.

Wer es lieblicher mag, ist im nahen Altenhofer Wald besser aufgehoben. Spazierwege unter blätterrauschenden Baumriesen schlängeln sich am kleinen Goossee vorbei bis zum Gut

Altenhof. Das Herrenhaus, im Kern 1722-28 von Cay Friedrich Reventlow erbaut, zählt zu den schönsten der Region und beherbergt mit 10.000 Bänden eine der bedeutendsten Privatbibliotheken des Landes. Als die Erträge aus der Landwirtschaft sanken, ließ der heutige Gutsbesitzer einen Golfplatz anlegen, dessen reizvolle Lage Golfsportler aus ganz Schleswig-Holstein und Hamburg anlockt.

Bekannt geworden ist Altenhof aber vor allem als Standort für das Schleswig-Holstein Musik-Festival. Im zum Konzertsaal umgebauten Kuhhaus erklingen jetzt Bach und Beethoven, spielen hochkarätige Musiker und Orchester. Und zum Musikfest-Wochenende picknicken Klassik-Fans auf dem Rasen genießerisch vor gutsherrlicher Romantik-Kulisse. Später, in der Adventszeit, ist die riesige Strohdachscheune Schauplatz eines Weihnachtsmarktes im rustikalen Ambiente.

Eckernfördes Umgebung ist reich an alten Gütern. Ruhiger gelegen, schließt sich im Westen das Gut Windeby an. Das weiße Herrenhaus, das durch die umgebenden Bäume blitzt, wurde 1761 durch Otto von Qualen errichtet und später mehrfach umgebaut. Heute befindet sich das Anwesen in Privatbesitz und beherbergt ein „Wohnforum". Das Gebäude wurde inzwischen saniert, und wer an den Sommer-Wochenenden das Herrenhaus-Café besucht, kann den Blick auf den Landschaftspark genießen.

Als Naturschönheit beliebt ist das Windebyer Noor, ein abgetrennter, ehemaliger Teil der Eckernförder Bucht. Um das Noor herum zieht sich ein von Bäumen und Büschen umrankter herrlicher Wanderweg mit Naturlehrpfad, der an Wochenenden gern besuchtes Ausflugsziel nicht nur der Eckernförder ist. Ein Umwelt-Info-Zentrum informiert über naturnahe Gartenge-

Archaische Hünengräber finden sich in der Eckernförder Umgebung. Vor Jahrtausenden wurden sie aus tonnenschweren Findlingen errichtet.

staltung und ökologische Zusammenhänge. Auf dem flachen Gewässer selbst legt der einzige Noorfischer seine Netze aus und stellt schmackhaften Aalen und Zandern nach.

Nördlich der Stadt schließlich liegt Hemmelmark, ein Gut, dessen Geschichte eng mit preußischem Glanz und Gloria verbunden ist. Der Bruder des letzten deutschen Kaisers, Prinz Heinrich (der mit der Mütze) war es auch, der 1903/04 das jetzige Herrenhaus errichten ließ, das in seinem auffälligen englischen Cottage-Stil so gar nicht in die schleswig-holsteinische Gutslandschaft passen will. Dem "British way of Life" zugeneigt, schuf sich der Prinz aber eine vertraute Atmosphäre, die ihren eigenen Reiz besitzt. Hemmelmark nutzte er als in der Nähe Kiels gelegenen Landsitz, um hier den Sommer zu verbringen und

seine zahlreiche Verwandtschaft zu empfangen. So gaben sich auf der herrschaftlichen „Datscha" des öfteren Kaiser Wilhelm II. und der russische Zar Nikolaus (ein Schwager des Prinzen) ein Stelldichein. Später zog sich der Prinz ganz nach Hemmelmark zurück.

Doch – so ändern sich die Zeiten – wo sich einst der Adel hofierte, stolzieren heute langbeinige Models durch die Flure. 1989 wurde das Herrenhaus nach wechselvollem Schicksal an einen Hamburger Modefotografen verkauft. Aber auch für Hemmelmark gilt: Ein Spaziergang an der Gutsanlage und dem Hemmelmarker See vorbei zum Ostseestrand ist allemal ein landschaftlicher Genuß. Selbst wenn am Ufer rechterhand ein Zeltplatz und Bundeswehranlagen den Naturblick etwas trüben.

Sehenswertes bietet natürlich auch die weitere Eckernförder Umgebung, die sich auf die Landschaften Schwansen, Hütten und Dänischer Wohld erstreckt. Die Schlei mit der Wikingerstadt Haithabu und dem Landesmuseum in Schleswig ist nah, der Wittensee ebenso oder der Naturpark Hüttener Berge, dessen Gipfel sich in für schleswig-holsteinische Verhältnisse atemberaubende Höhen von bis zu 100 Metern schrauben.

Wer mehr erleben möchte als sightseeing durch die Autoscheibe, sollte unbedingt die Wanderstiefel schnüren oder auf das Fahrrad umsatteln. Eine ganze Reihe gut ausgebauter Wander- und Radwege ermöglicht die Erkundung von Dörfern, Gütern und Gegend bei Bewegung und frischer Luft.

Uralte Baumriesen prägen die idyllische Umgebung der Altenhofer Gutsanlage, die zu den schönsten der Region zählt.

Der Noor-Fischer kontrolliert seine Reusen. Aal und Zander gibt es in dem flachen Gewässer zu fangen.

Ein mächtiges Pfannendach charakterisiert die alte Scheune der Gutsanlage von Hemmelmark.

Reetdächer besitzen noch viele Häuser auf dem Lande. Sie zeugen von der handwerklichen Kunst der Reetdachdecker.

Beschauliche Fachwerk-Architektur in Altenhof.

Winterstimmung an der Ostseeküste bei Altenhof.

Das Hemmelmarker Herrenhaus fällt durch seinen englischen Cottage-Stil auf. Auf diesem herrschaftlichen Sommersitz trafen sich einst Kaiser Wilhelm und Zar Nikolaus.

Sonnenuntergang am Noor.

Register

Quellenverzeichnis

Heimatbuch des Kreises Eckernförde, Band 1 und 2, Verlag Schwensen, Eckernförde 1972.

Heimatbuch des Kreises Eckernförde, Willers Jensen/Christian Kock, Verlag Schwensen, Eckernförde 1928.

Schleswig-Holsteinisches Hausbuch, Verlag Rombach und Co., Freiburg 1983.

Zeitschrift der Gesellschaft für schleswig-holsteinische Geschichte, Karl Wachholtz Verlag, Neumünster, 1990.

Beten ut Eckernför, Wilhelm Schmidt, Verlag Schwensen, Eckernförde 1981.

Badeleben zwischen Nord- und Ostsee, Jutta Kürtz, Verlag Boyens und Co., 1994.

Yacht, Ausgabe 11, Delius und Klasing Verlag, Hamburg 1993.

Jahrbücher der Heimatgemeinschaft Eckernförde der Jahrgänge 38/1980, 44/1986, 48/1990, 34/1976, 42/1984 und 46/1988.

Fast alles über... Eckernförde, S.I. Verlag, Kiel 1993.

Schlösser und Herrenhäuser in Schleswig, Henning von Rumohr, Verlag Weidlich, Würzburg 1987.

Ein besonderer Dank gilt dem Heimatmusum der Stadt Eckernförde und der Sparkasse Eckernförde.

Gudrun und Hans-Jürgen Perrey

Theodor Fontane in Schleswig-Holstein und Hamburg

„Ich bin Nordlandsmensch", bekennt Theodor Fontane. Er liebt Schleswig-Holstein und Hamburg, macht hier Urlaub, beschäftigt sich mit der Geschichte zwischen Nord- und Ostsee und beschreibt liebevoll Land und Leute. Der Hamburger Brand von 1842, die schleswig-holsteinische Erhebung von 1848, die Schlacht bei Hemmingstedt, Theodor Storm, der deutsch-dänische Krieg von 1864, der große Roman „Unwiederbringlich", Klaus Störtebeker oder Otto von Bismarck - Leben und Werk des großen deutschen Dichters sind eng mit Schleswig-Holstein und Hamburg verknüpft. Dieses Buch lädt ein zu einer literarisch-historischen Wanderung, die Fontane als kundiger Reiseführer begleitet.

160 S., ca. 130 Abb. (überw. farbig), Hardcover, 28,5 x 21,5 cm
ISBN 3-929229-50-1; EUR 21,80

Volker Frenzel · Frank Deppe

Sylt im Wandel – Menschen, Strand und mehr

Edler, großformatiger Fotobildband,
Leinen mit Silberprägung

Warum Sylt Deutschlands beliebteste Urlaubsinsel ist, erfahren Sie auf informative und unterhaltsame Weise in diesem Buch. Der mit aktuellen und historischen Fotografien reichhaltig ausgestattete Band erzählt von der Gegenwart und beschreibt vergangene Zeiten: Wie der Walfang und der Fremdenverkehr den Wohlstand auf das karge Eiland brachten. Wie die Menschen früher auf Sylt lebten und arbeiteten. Warum Sturmfluten die Insel bedrohen und wie sich die Sylter dagegen wehren. Wie die illustre Prominenz die Insel entdeckte. Welch wunderliche Sagen sich um einzelne Orte und Personen ranken. Und zu guter Letzt: Das „Sylt-Lexikon" mit Erklärungen zu zahlreichen inseltypischen Begriffen. Kurzum: Ein Buch, so vielfältig und überraschend wie die Insel selbst – eine aufregende Erlebnisreise für Sylter und Gäste, Sylt-Neulinge und Sylt-Liebhaber.

164 S., ca. 220 Abb. (überw. farb.), Leinen mit Schutzumschlag, 30 x 22,5 cm
ISBN 3-929229-73-0; EUR 35,-

Unser Verlagsprogramm

Hamburg

Alster, die – ein Alltagsmärchen

Altona von A-Z

Auswandererhafen Hamburg

Barmbek im Wandel

Barmbek von A-Z

Bergedorf im Wandel

Bergedorf, Lohbrügge, Vierlande, Marschlande

Brennpunkt Hamburg – Feuerwehr-Video

Eimsbüttel im Wandel

Eimsbüttel von A-Z

Elbvororte, die

Elbvororte im Wandel, die (zwei Bände)

Eppendorf im Wandel

Eppendorf von A-Z

Feuerwehr-Buch Hamburg, das Große

Finkenwerder im Wandel

Geschichte der Hamburger Wasserversorgung

Große Polizei-Buch Hamburg, das

Hamburg im Bombenkrieg – 1940-1945

Hamburg – Stadt der Brücken

Hamburgs Fleete im Wandel

Hamburgs Kirchen – Wenn Steine predigen

Hamburgs schönste Seiten

Hamburgs Speicherstadt

Hamburgs Straßennamen erzählen Geschichte

Harburg – von 1970 bis heute

Harburg von A-Z

Langenhorn im Wandel

Neue Hamburg, das

Polizei im Einsatz (Video)

Rothenburgsort, Veddel im Wandel

Schmidt, Johannes – In Alt-Stormarn und Hamburg

Winterhude im Wandel

Winterhude von A-Z

Schleswig-Holstein

Ahrensburg

Bad Oldesloe

Bad Segeberg im Wandel

Eckernförde – Portrait einer Ostseestadt

Fontane in Schleswig-Holstein und Hamburg

Itzehoe im Wandel

Norderstedt – Junge Stadt im Wandel

Pinneberg im Wandel

Reinbek und der Sachsenwald

Sagenhaftes Sylt

Sylt – Inselgeschichten

Sylt im Wandel – Menschen, Strand und mehr

Sylt prominent

Sylts schönste Seiten

Niedersachsen

Braunschweig – Löwenstadt zwischen Harz und Heide

Buchholz

Buxtehude, Altes Land

Cuxhaven

Cuxhaven – Stadt am Tor zur Welt

Göttingen

Göttingen – alte Universitätsstadt

Hadeln, Wursten, Kehdingen

Stade, Altes Land – Märchenstadt und Blütenmeer

Hannover – Hauptstadt der Niedersachsen

List (Hannover), die, im Wandel

Lüneburg – alte Hansestadt mit Tradition

Papenburg – Fehnlandschaft an der Ems

Nordrhein-Westfalen

Aachen - Zwischen Augenblick u. Ewigkeit

Bergisch Gladbach – Schloss-Stadt an der Strunde

Bielefeld – Stadt am Teutoburger Wald

Mönchengladbach – Grüne Großstadt am Niederrhein

Baden-Württemberg

Heilbronn – Stadt am Neckar

Ludwigsburg – Stadt der Schlösser und Gärten

Bayern

Boten aus Stein – Alte Kirchen im Werdenfelser Land, am Staffelsee und im Ammergau

Garmisch-Partenkirchen – Herz des Werdenfelser Landes

Lüftlmalerei

Mittenwald – Geigenbauort zwischen Karwendel und Wetterstein

Naturparadies Oberes Isartal

Rosenheim – Tor zum Inntal

Saarland

Saarbrücken – Grüne Stadt zwischen Kohle und Stahl